AF451309

LABIOS Y ARETES

ExLibric

VIRGINIA PASCALE

LABIOS Y ARETES

EXLIBRIC

ANTEQUERA 2023

VIRGINIA PASCALE

LABIOS Y ARETES

Prólogo

En un mundo donde las emociones a menudo se reducen a simples emojis y las relaciones se deslizan con un toque en la pantalla, *Labios y aretes,* de Virginia Pascale, emerge como un oasis lírico que nos invita a detenernos, reflexionar y sentir profundamente. Esta colección de poemas es una exploración audaz y sincera del amor en todas sus formas, desde la pasión arrebatadora hasta la angustia desgarradora.

Virginia utiliza un lenguaje evocador y simbólico para capturar la esencia de las relaciones humanas. Sus palabras son como pinceladas en un lienzo, cada una contribuyendo a un retrato más amplio del amor y la humanidad. La autora no se limita a describir el amor como una emoción unidimensional; en cambio, nos ofrece una visión multifacética que abarca desde la pasión física hasta el dolor emocional y el autodescubrimiento.

Los personajes que habitan estos poemas no son figuras en un escenario, sino voces que resuenan con nuestras propias experiencias, deseos y temores. Desde el amante apasionado hasta el reflexivo y el desilusionado, cada voz ofrece una perspectiva única que enriquece nuestra comprensión del amor y las relaciones humanas.

La estructura de la colección es tan variada como los temas que aborda. La autora juega con diferentes estilos y ritmos, creando una experiencia de lectura que es, a la vez, dinámica y reflexiva. Los símbolos y motivos recurrentes, como la música y la naturaleza, actúan como hilos conductores que tejen un rico tapiz emocional.

En definitiva, *Labios y aretes* no es solo una colección de poemas; es un espejo en el que podemos ver reflejadas nuestras propias emociones y experiencias. Es una invitación a explorar los rincones más recónditos de nuestro ser y a celebrar la complejidad y la belleza de las emociones humanas. En un mundo que a menudo se siente desconectado y superficial, esta colección es un recordatorio poderoso de lo que significa ser profundamente humano.

Carlos Torres
Director de editorial ExLibric

CÓMO ME HAS HECHO EL AMOR

Regálame un DO
en su escala mayor
y en esta noche de divinas melodías
dibujemos las formas del placer
con los matices sensuales de la armonía.

Estreméceme con el RE
de la extensa pasión,
que sostenido se proyecte,
se mantenga y entone
según la ocasión.

Escuchemos el MI
como nunca lo soñamos,
aquí y ahora,
mientras nuestros cuerpos enlazados
se arrebatan, se enloquecen
y sigan pasando las horas.

Disfrutemos el FA
como nota cuartal
para que descubra el deseo que incita
a dos seres que, encontrados,
inevitablemente se invitan
a una sola verdad.

Busquemos el SOL
hasta el umbral de un nuevo día
y sigamos la danza
hasta confundir tus labios
con la boca mía.

En ese LA sostenido,
¡vida mía!,
respírame al oído,
que ya mis senos, rozados por tu pecho,
se han encogido.

Siente el SI
en consonancia perfecta,
definiendo el acorde
entre tu cintura y mi silueta.

Esa dureza de tu nido
con el calor de un cuerpo tibio,
¡cómo lo disfruta mi vientre
bajo mi ropa escondido!
¡Cómo se buscan!
¡Cómo se abordan!
Y al compás de esa escala musical
deleitando mis oídos,
¡has logrado la máxima expresión
de todos mis sentidos!
¡Guau!
¡Qué divino!
¡Cómo me has hecho el amor
sin quitarme el vestido!

CIERRO CICLOS

Guardo un perdón
solapado en el armario.
Nunca encontró culpables
o algún destinatario.
Cierro ciclos,
lloro con decoro
la deslealtad, las mentiras,
todas las heridas, falsos credos,
hojalatas de enojos.
Vivir la crisis de los duelos
es morir de rabia
y aprender de nuevo.

¡QUÉ DELICIA ES AMARTE ASÍ!

¡Qué delicia es amarte así!
Sin la inseguridad de los años mozos,
sin apegos, sin aprobaciones,
sin expectativas ni miedos.
Atrapo tu mundo en mis manos,
atrapas mi aroma entre tus dedos.
Son tan tuyos mis pezones en tu boca
como tan mía tu boca
lamiendo mis senos.
¡Qué delicia es amarte así!
Coito espléndido de ternura,
sumario pleno del deseo.

JINETE DE NOCHES LUNA

Regálame esa sonrisa
que se dibuja en tu cara
y al son de una palmada
trótame con el paso sin prisa.
Cabalga mi cintura
y llévame hasta el espacio,
jinete de noches luna.
¡Galope a galope!
Mil relámpagos de placer sobre mi piel
tus caricias procuran.
El orgasmo nos espera al cruzar aquella nube.
Dame azul en el cielo,
dame amor,
dame lumbre.

UNO ES UNO

Creyó siempre
que él y ella eran uno.
En aquella despedida
solo quedaba un cuerpo
desconcertado y aturdido.
Se rompió el amor
donde, sencillamente, eran dos.
Dos, como evidente resultado
de uno más uno,
porque cada amante era uno.
Intuye siempre
en el detalle de ausentes besos
que uno es uno
y dos son divinos tropiezos.

MUNDO PROFANO

Guardo un mundo profano.
¡Habítalo cuando quieras!
Cordilleras con pezones dulces
esperan tu boca sedienta.
Paisajes suaves y curvos
añoran tus manos inquietas.
Toca, sorbe y besa
mis ocultas trincheras,
orbe delicia del pecado.
¡Habítame cuando quieras!

ROJO SATÉN

La brisa no apaga el suspiro
de la voz del deseo
que nos habla al oído.
Rueda por el mar la bella luna
y el rojo satén de la noche oscura
entre rayos sosegados nos alumbra.
Bésame, bésame toda.
Confundamos las sombras
proyectadas como una.
Así, así, casi desnudas.
¡Que brillen de placer
sobre la arena que arrulla!
No sé qué me moja,
si tu deleite o mi locura,
o ese caballo de mar
que dentro de mi ostra se ajusta:
entra, sale,
transita, escapa,
se atornilla y muere,
y deja en mi vientre el nácar brillante
de su plácida muerte.

¡Qué contrastes tiene la vida!
Los peces viven disfrutando la playa.
¿Y tu sexo?
Tu sexo se desvanece
después de que me habite.

UN BUEN AMANTE

Desnuda con los ojos
los secretos de la vida.
Toca, habla, oye, huele y mira,
y en armonía sensual
celebra el encuentro
como el más dulce ritual.

Cuando el suspiro y el gemido
lo abordan en algún sitio,
hace pausa en lo estremecido
porque acertadamente ha llegado
a donde nunca nadie ha ido.
Prosigue desplegando besos
y entre aguas del placer
penetra suavemente
y deja nadar su pez.

TODAVÍA LO ESPERO

Espero el tren.
Son las seis de la tarde.
La emoción transpira fragancias de esperanzas
mientras late el amor
bajo mi abrigo de lana.
Llegó el tranvía.
Corro a buscarlo entre la gente
y en cada paso que apresuro
tiembla silenciosa mi esmerada alegría.
No lo veo, tal vez es el último pasajero.
Las puertas se deslizan en un triste encierro
frente a mis brazos vacíos
y a mis anhelos desiertos.
Amarro las promesas en el frío estar
de un banquillo de cemento,
y sigo aguardando
aquella voz que un día me dijo
«a tu vida vuelvo».
Son las seis de la mañana
y todavía lo espero.

MUJER Y HEMBRA

Advertí
las alas mutiladas
del ave que habita
en la digna condición de una dama.
Adiviné
el esquivo absurdo del deseo furtivo
que detrás de una cresta
en silencio se desgarra.
Arrojé mi plumaje al suelo,
colorido amargo de la mentira,
y rompí sin piedad
el estúpido disfraz de los anhelos.
Soy ahora una sola verdad,
la dama donde habitan
la mujer y la hembra.

Ven. No tengo miedo.
Lo dejé estampado en el vestido
que habrá de plisarse
muy lejos de mi cuerpo.
Ven. Quiero tus besos,

todos los que dejé colgados
en el honesto pedestal
de mi falso credo.
¡Arrebátaselos al tiempo!
Vuélcalos uno a uno,
que rueden hasta lamer
la gloria de mis senos.
¡Acaríciame!
Hazme sentir todo
lo que una mujer
con sombrero de dama
ansía como hembra.

TE PRESENTÍ

Te presentí
en el leve susurro de las olas,
en el vuelo pausado de una gaviota,
en el llanto de las algas
y en el trajinar de las caracolas.
La arena escarchada te presintió también,
solo el destello de las partículas doradas
te olvidó tal vez.
El mar me ayudó a buscarte
y el desteñido azul, palidez de la tarde,
no supo decirme dónde estabas tú.
No me importó entender la noche,
porque hasta en las sombras te esperaba.
La brisa silbaba la sonata del tiempo;
la luna se perdía en la profundidad del agua.
Te presentí
hasta en el cantarcillo de las palmas
que, aun abandonadas, nunca se quejan.
Comprendí entonces la demencia
de todos los sentimientos
que los recuerdos dejan.

LA HUELLA QUE DEJÉ EN TU LECHO

Busca la huella que dejé en tu lecho
en aquella habitación con olor a ti
y a maderas de invierno.
Allí, entre paredes secretas
donde avivamos el fuego,
entre frases, gemidos
y orgasmos con sabor a cielo,
busca la huella que dejé en tu lecho;
todos los besos que estampé,
minuto tras minuto,
hasta en las yemas de tus dedos.
Cantamos las coplas más exquisitas del sexo
y conjugamos todos los versos
con la grandeza de sus rimas.
Si el ardiente recuerdo imprime en tu cara la sonrisa
y te convida la memoria a desearme,
¡mira tu piel!

Si no se eriza en ese instante,
¡ay, varón, no,
no vuelvas a buscarme!

TU SILENCIO

No hurgues en el baúl de los errores.
No deslices la cortina del pasado.
Abrázame.
Hazme creer que habito una nube,
donde lejos, muy lejos,
debajo del pantano,
duerme el infierno.
No rompas la fantasía
que me regala tu silencio.

HAGAMOS EL AMOR

Hazme el amor
como si hoy, precisamente hoy,
se acabara el mundo.
Concibamos como nunca
el hondo reclamo del sexo,
porque mañana, igual, jamás sería.
Besémonos,
besando los besos
en todas las proas de las fantasías.
Bordemos risas en el agua,
humedad en los desiertos,
transitemos todos los mares
con la disposición sensual de tu velero.
Olvidemos la noche,
alarguemos el día,
exploremos profundidades
en todas las geografías.

DILES QUE UNA LOCA

No me importa
si el hecho de amarte
me arrebató la razón.
Diles que una loca a tu puerta aquel día
a pedirte limosna desesperada llegó,
con las manos llenas de algas,
montes y musgos en ramas de ilusión.
Llevaba en los dedos anillos de luna,
zafiros luceros, metales de bruma,
brazaletes conchas de caracol.
¿Y en los pies?
En los pies portaba,
en vez de sandalias, poemas de charol.
Cadena no portaba,
el Cristo lo había perdido,
solo fantasías de esperanzas
en los bolsillos escondidos.
Y en su piel,
la fragancia demente:
«Quimeras de amor».

¡Cuéntales!
Cuéntales que así una loca
a tu puerta aquel día desesperada llegó.

AL SUR DEL OMBLIGO

Traía rota la sonrisa,
decepción en la mirada,
avatares en la estima,
contratiempos en el alma.
Dos bisagras nos unían:
su desamor y mi soledad,
mi cama y su compañía.
Descubiertas e infinitas,
se identificaron las miradas,
tacto, olores, sabores y palabras.

Al sur del ombligo
remaron las almas.
No era tan solo sexo
lo que en mi sexo buscaba.
¡Existen tantos soles en tus caricias!
Caricias que en otros cuerpos
en vez de luces fueron sombras.
Nada parecía al azar.
Tal vez el amor no muere nunca,
solo cambia de lugar.

TECLAS DEL PLACER

Desnúdame.
Desnúdame toda.
Poco a poco.
Dedo a dedo.
Y en cada parte que descubras
besa el sonido de cada tecla.
Acaríciame, amor, una y otra vez,
que despojada estoy
de la blusa de satén
y de lo que debajo de mi falda
se enreda también.

Soy tu piano amante,
no sientas pena.
¡Hazme la canción!
¡Haz lo que tú quieras!
En la escala sensual
del placer que entonas
alarga todas las notas
en consonancia con la entrega.
¡Qué divino acorde!

Artista fuego de tacto pertinente,
¡siento cómo grabas presto todas las escalas
que procura mi vientre!
Dime si, al igual que yo,
tú también lo sientes.
Cómo transitan en suaves caídas
cantando aguas marinas
con los bemoles más ardientes.
Mantén orgulloso el tiempo
en este último acorde
hasta que las teclas del placer
extremadamente se tensionen.
¡Umm! ¡Qué maestría!
Pianista de teclas pintas
que, cuando las tocas, hablan
y, cuando les pegas, gritan.

ADIÓS, AMOR

Tan solo un bosquejo en la sonrisa
sirvió de adiós en nuestra despedida.
¡Cuántas emociones, mares de incertidumbres
bajo mi piel se escondían!
Mis manos trémulas
evadieron el abrazo que quizás delataría
a un angustiado corazón en honda correría.
No entoné palabras, era duelo tu partida
a otros mundos, a otros rostros, a otros credos…
¡Cuánto duele el silencio
cuando no pude detenerte para decirte
que mi bendición y mi vida
en tu bolso se iban!
Adiós, amor,
transeúnte dulce de mi vereda.
Las madreselvas algún día,
al igual que las azucenas,
se habrán marchitado
sobre mi tumba secreta.

BUSCO EL OLVIDO

Busco el olvido
en el intento estremecido
de cualquier ladrón,
aunque su arrepentimiento
no sirva de nada,
se plasme en mi cara el miedo
y en su conciencia la indecisa razón.

en la hora sencilla
de cualquier reloj.
El hoy me abraza convencido
de que en el tiempo etéreo
el ayer murió.

Afirmo cuerpo y esperanzas
en este ahora
que dice la hora,
aunque aún
raíces en la memoria
palpiten tristes
en el pasado de hoy.

EQUIVOCADAS ALMOHADAS

Cualquier noche
con el instinto a flor de piel
eliges ser el vástago
donde se deshojen
las cayenas del deseo.

Sudas caricias tras caricias,
aunque evadas las miradas,
exoneres los besos,
abortes las palabras
sobre el rojo lino
de equivocadas almohadas.

Te pasó igual que a mí:
derroches de pasión
desprovistos de amor
en muchas madrugadas.

LULA

Tu adiós,
como afilado dardo,
se clavó despiadado en toda mi tristeza.

Miré desconsolada el mundo
sin darme cuenta
de que aún giraba a mi derecha.

Féretro oscuro, amargo e indolente
que prestó su cárcel a mi madre muerta.

Perdí el timón
y en mi barca desandada
se estacionó el recuerdo
de aquellos brazos morenos
que hoy flotan en la nada.

Sin la esperanza de un regreso
ofendí la imagen de lo sagrado
tan solo con la mirada.
¿A quién y por qué rezaba?

¿Alguien escuchaba?
La muerte ante mi llanto
indiferente se portaba.

Desfile de cintas blancas,
amarillas y escarchadas
sobre la colección expresa
de flores amarradas.

La oscuridad hurtaba
el consuelo de la claridad
en todas las ventanas del alma.

¿Quién entre tantas rosas mis penas adornaba?
¡Nadie me dio la luz!
¿Dónde estaban las manos que pintaban?
Alguien las había sepultado
entre lápidas calladas.

Se extrañan las caricias
que se descubren en la nada.

LA VIDA ES QUIMERA

¡Late un corazón!
Como cualquier corazón,
late, porque tiene vida.
Y la risa pregonera de alegría
es tu risa, como también la mía.
La vida es quimera.
Es mirarte, es mirarme
y no saber cómo nos miran,
si son reales los sueños o es verdad la mentira.
¿Acaso es falso el amor,
que muerde, marca y lastima?
Tal vez sea ficción aquel
que con promesas rosas
terciopelo en besos hasta el alma acaricia.
No sé si son reales
los que en otros cuerpos
procuran sexo
y sin querer nos lastiman.
O si es simple ilusión
cuando palpitan dos almas
y en un orgasmo entregan la vida.

A QUIÉN ESPERO

Siento el calor que emana la tarde,
la sonrisa que me regala el sol,
la brisa que despeina mi pelo,
hasta las burbujas de las olas
sobre mis labios siento.
La arena presiente
las ganas de un cuerpo sobre este cuerpo.
El paisaje pregunta a quién espero
mientras mira los pezones encogidos
en la blanca piel de mis senos.
A un amante, boca de fruta dulce
con savia de profundo fuego,
que me susurre al oído con música de besos
«te quiero, te quiero, te quiero»;
que se detenga a oler en mis campos
los recién cortados pinos;
que al caer la noche,
solamente al caer la noche,
derrame el néctar cristalino
en la humedad de mi delirio

AMANTE

Una buena amante
no obliga, inspira;
no cuestiona, estimula;
no pregunta, suspira.
En la penetración sensible
atrapa en su geometría
todos los ángulos posibles
y describe al oído con dulzura y atino
del mágico encuentro
las formas, lo bello y lo divino.
Baila al son de la danza
y entre cálidos ritmos improvisa,
dibuja en su cara extremo placer,
gestos de dicha.
Resbala mil besos por la piel,
no deja huellas visibles,
fortalece la experiencia
de orgasmos impredecibles.

NO IMPORTA

No importa.
Para morir
sólo necesito la vida,
pero para vivir
deseo tus caricias,
la calidez de tu mirada,
el sonido rosa de acertadas palabras,
de ese mundo de verdades largas,
del abrazo que se encime
cubriéndome hasta el alma.
No importa.
Para morir
sólo necesito la vida,
pero para vivir,
todas tus caricias.

NATURALEZA ERÓTICA

La lluvia apasionada
vuelca su erotismo
sobre el espacio abierto de la tierra.
La besa, la humedece, la nutre
mientras coíta con ella.
Nace el botón,
florecen las ramas
en cada planta que preña.
Los matices de colores
en tan profunda belleza
traducen los orgasmos
de la sensual naturaleza.

ENTRE BLANCO Y NEGRO

Estacionadas y aglomeradas
reposan las cenizas extintas de esperanzas.
Permanecen allí, inmóviles, impávidas,
matizadas, nubladas como desoladas escarchas.
El mar está aproximadamente a tres cuadras,
merodeado por las aves que sobre el azul
cantan orgullosas los encuentros.
Conversan, danzan, ríen a carcajadas
de los nidos que imaginaron,
pero no construyeron sobre el agua.
El Mediterráneo trasluce
una vorágine de hambre derrapada.
Muy cerca, un cuenco descubierto
mantiene la boca abierta,
esperando los bocados, brozas de una vida.
¡Como si fueran cualquier cosa!
¡Como si nunca fueron nada!
Solamente ilusión prestada
en el jardín de las andanzas.
Entre blanco y negro parecen simples adornos
las escorias combinadas.

No respira la piel calcinada.
El alma escapa del cuenco,
busca el extraviado abrigo
en el hilo, sosiego de tela bordada.
Los recuerdos se agolpan en la maleta del viajero,
se disfraza el amor de consuelo,
el odio pierde el agujero.

La angustia se mece en el presente
como campanadas amargas.
Llora ante el despiadado golpe
que marca la ausencia.
El futuro es el único ser que abrazará resignación
en las aspas del tiempo,
en un ángulo de la miseria.
Desvanecidas en el cuenco,
se sostienen las trizas, se cuidan del viento.
En tal desventura, cabe el orgullo,
duermen tan solo la carne y los huesos.
La vanidad desafía la tradición del entierro,
mantiene el orgullo de no haber servido de anzuelo
a las orugas malditas
para que exhibieran su traje blanco
sobre el eterno sueño negro.

POBRE HOMBRE

Cuando hacíamos el amor,
yo izaba la bandera del que mucho ama.
¿Y tú? Tú portabas el escudo instinto
de las simples ganas.
Mi vida allá fuera no tenía razón,
sino en la habitación de anheladas cruzadas.
¡Anda! Cuéntale a todo el mundo
lo que yo perdí, mientras tú ganabas.
Ya no recuerdo
ni siquiera tus hazañas,
dibujos de mentiras sobre puntos y rayas.
Solamente permanece en el tiempo
quien empuña con verdades
las pasiones del alma.
Ahora cuéntales también
lo que tú perdiste
y lo que yo gané.

LA PAZ Y LA GUERRA

Leía las hojas del recuerdo,
mientras un gesto de mirada asqueada
bajo su ceño fruncido a la guerra cuestionaba.
El concepto erizaba su piel,
la sensibilidad paría poesía.
Encendió un cigarrillo.
En bocanadas, el plateado humo
hacía volar los versos de vestidos oscuros,
cónsona la rima con cada suspiro.
La aflicción desamparada
solo en un sollozo encontró cobijo.
El miedo tropezaba las zanjas,
buscaba ojos sorprendidos
para retratar sus lágrimas.
Así se paseaba la hipérbole
en aquel poema de vanguardia.
La cinética imagen de la violencia,
las estrofas desnudas del crimen
el amor, la dulce princesa
vencida por el dragón.
Volteó la página del libro imaginario

que encerraba su pena y escribió en la portada
con la tinta de la nostalgia:
«La paz es la esperanza
que se sueña y se desplaza
por todas las metáforas del alma».

GRANDEZA Y MISERIA

Esa daga invisible de incertidumbre esmaltada
pretendemos arrancarla del pecho
con gesto sutil de elegancia prestada.
Amar.
Odiar.
Vivir.
Morir.
Seguir y seguir hoy
sin saber lo que acontecerá mañana.
Seguir y seguir hoy
con la inseguridad que nos marca
el miedo vestido de afectos
que en la cara se disfraza.
Aparentemente libres,
internamente encarcelados.
Carnadas del sexo que habita por ahí
por cualquier parte,
donde sencillamente existan ganas.
¿Es amar y vivir en sí la grandeza?
¿Es odiar y morir miseria humana?
Esa confusión que no discierno

vanagloria y arrebata
como el Cristo coronado en la cruz
o el Judas que revienta en sus hazañas.
Es en la encrucijada
donde el caminante se aterra,
mira del universo la grandeza
y, sin querer, tropieza con la miseria
que deambula vestida de gente
sobre el rostro desencajado de la tierra.

NADIE ES DE NADIE

Te llevaré de la mano
hasta el umbral de la gloria.
Si la atadura del cansancio
en un solo sudor desatara el lazo,
abriré mis dedos hasta que desiertos de ti
hayan quedado.
Quizás, al pasar el tiempo,
en espacios ignotos me hayas olvidado.
«¡Era tuyo!», gritarán las voces
punzantes del orgullo.
¿Mío? ¿Mío? ¡Nunca lo fue!
Nadie es de nadie ni cuando se cree ser.
No culpes ni te culpes,
porque se rompan tus sueños.
El amor siempre es inquilino,
aunque parezca ser dueño.

ÁMBITO HÚMEDO

«¿Me amas?»,
preguntó mi alma
ante ese deseo infinito de tu desnudez.
Entonces,
dejé penetrar la palabra
en el ámbito húmedo
de mi oscura sencillez.
«No respondas,
no digas nada.
Sigue construyendo la oración
con el verbo erecto de tus ganas».

ESTOY MURIENDO ANTES DE MORIR

Comienzo a escuchar de los sonidos
hasta el silencio de sus voces.
Siento fluir como manantial
la energía poderosa de la vida.
Esa fuerza me dice que vivo y a través de ella
presiento que estoy muriendo.
Se arrastra el ego malherido,
frustrado de poder;
casi sin fuerza, emite quejidos
y sin piedad fenece ante el imperio del ser.
Descubro lo intangible de la vida,
la sinceridad ineludible del ahora,
consciente del espacio que siempre estuvo allí,
pero el que ahora se valora.
No juzgo lo profano, tampoco lo sagrado.
No pienso en el futuro, tampoco en el pasado.
Desanclo el miedo,
y el valor, como del alma el cetro,
ordena que me busque.

Entonces, me encuentro.
No perderé el ahora, razones suelen urgir.
Sin rezos, exonero y vivo,
estoy muriendo antes de morir.

NO ME HIERAS

No lastimes mi corazón.
Por favor, no lo hieras.
Si el hecho de amarme
no te vale la pena,
no juegues conmigo.
Por favor, no te atrevas.
Es tan sublime la entrega
que pareciera carecer de miedos,
de prejuicios y de condenas.
Dame tu mano sincera,
la caricia que me escuche,
ese cuerpo que me quiera,
poder retratarme en tus ojos,
siempre limpios de sombras ajenas.
Ser esa parte de tu vida
cálida, profunda y plena,
habitar tu templo, ser tu madriguera.
Tan solo te pido
que, si el hecho de amarme

no te vale la pena,
no lastimes mi corazón.
¡Por favor, no! No me hieras.

NO ME PIDAS QUE VUELVA

No pido su perdón.
No porque no pudiera,
me haría grande la humildad
si así lo hiciera.
No pretendo me disculpe,
tampoco me diga nada;
todo lo que no se nutre
algún día, sin pensar, se acaba.
Usted olvidó
que sin condiciones ni historias
yo sí lo amaba.
Me marché
con todos mis fantasmas,
sin rumbo ni destino,
sin decirle a nadie,
sin decirle nada.
Elegí su amor, me inspiré, lo preferí.
Aun así, ni su esencia ni su sexo
nunca entendieron nada.
Busqué sus caricias
por cada costado de mi cama

y no las encontré, ni siquiera
en la suavidad de mi almohada.
¿Tenía prisa su vida?
No lo sé.
¿Volver a sus brazos?
¡No! Ya no.
He partido sin boleto de vuelta.
No quiero recordarle,
no me pida que vuelva.

ME GUSTA RECORDARTE

Me gusta recordarte
en los pinares de cualquier estancia.
Percibo la brisa que el paraje entona,
presiento que me miras,
presiento que me tocas.
Te evoco en cada suspiro,
en las flores sensuales del camino,
escucho sus pétalos reír conmigo.
Siento antojo de estar contigo,
treparme en tu cuello,
hablarte al oído,
deslizar mis labios
en pleno susurro,
hasta besar los surcos de los labios tuyos.
Miro la hierba que invita sin ruidos
a acostarnos sobre ella,
como prófugos o bandidos.
Sueño y sueño que me haces el amor
bajo las sombras de los pinos.

MIS GRITOS EN SILENCIO

Hay tantas miradas insinuantes
como gestos sutiles.
La pasión carece de amor
en mocedades gentiles.
Se prendó de mi voz,
de los pliegues de mi ceño,
de la seguridad de mi andar,
de la autenticidad de mi silencio.
Sediento de lecho,
en sus deseos con brío
halagó mi estima como caudal
cuando besa al río.
Comprendí su lozanía,
atrevida pero ingenua,
capaz pero inexperta.
Su fogosidad a flor de piel
encendió mi lujuria.
Su sonrisa fresca, su aroma joven
me sedujeron también.
Me pensé en sus brazos,
mojada por sus labios

bajo su cuerpo, atrevida,
sin mis ganas esconder.
Reflexiono y no procedo,
peligroso puede ser
crear dependencias, vanidades de mujer.
¡Existen tantos te quiero sin grandezas
como falsos credos en muchas miserias!
Me guardé sus halagos,
simplemente me quedé con eso.
Es tan honesto el amor
como tan ético es el sexo.

DE TUS CARICIAS CARECE EL ALMA MÍA

Estás aquí,
en todos mis amaneceres.
Como música mi compañía,
pieza indeleble del acomodo,
siempre en ofrenda mi hombro,
atajo perfecto para tu mirada perdida.
Aquí el abrazo cálido
que sin desmayo diga:
«Vales mucho, cariño. No te aflijas».
Me gusta brindarte cielos,
regalarte mundos etéreos
hasta seducir tu sonrisa.
¿Y tú?
Nunca preguntas qué me pasa.
Supones que la tristeza en mí no tiene cabida.
Debo darme por pagada
con la tácita presencia que me da tu compañía.
Dicen que el amor carece de condiciones,
pero de tus caricias sí carece el alma mía.

ME FASCINAS

Me miras y me miras.
Me descontrolas.
Me cautivas, me fascinas.
Siento que, al escucharme,
así, así me acaricias
Digo mil tonterías.
¡Ja, ja, ja!
Y atento escudriñas,
buscando el color de mi risa inquieta
y mis palabras perdidas.
¡Qué pena!
Se me desbordan los verbos.
¿Qué quieres que te diga?
¿Que me tiembla el pensamiento?
Sí, me vibra hasta la vida.
Siento que desvanezco cada vez que me miras.

SIN PENETRAR MI NIDO

Te quedaste dormido
sin acariciar mi pelo,
sin rozar mis senos,
sin penetrar mi nido.
Padezco de rabia,
de celos escondidos,
me invade la impotencia
¡Estallo en un grito!
Recojo mis anhelos como vitrales partidos.
Respiro quietud, suficiente quietud,
cuando acostado te miro;
exhalo el enojo, porque advierto
que estás aquí,
solamente conmigo
Me sumo a tu piel, me muero de frío,
en ese roce cálido encuentro el abrigo.

ME ESTUVE BUSCANDO

En la lluvia que lastima o nutre
pretendí mirarme.
En la brisa furiosa
que desprende capullos floridos
alguna vez pude retratarme.
En la tierra felizmente humedecida,
donde beben las raíces,
conseguí razones
para amar y amarme.
En el fuego inminente,
donde arden las maderas,
comprendí que después de las cenizas
ya será demasiado tarde.

NUESTRA INTIMIDAD

Nuestra intimidad
es algo que no debería contar,
pero se me ocurre compararla con el mar,
porque serena en el tiempo
no deja a la brisa llevar
el encanto maravilloso de poderla disfrutar.
Desde toda su inmensidad
siente los peces que quieren nadar,
dibuja divinas olas en la profundidad de su vaivén
besa la blanca espuma y a la arena lame también.
Al contacto de su boca
con el revuelo de sus ondas,
se estremece la playa
y siguen pasando las horas.
Sostiene el velero,
combina caminos sueltos,
hace que la misma barca
atraque en el mismo puerto.

No existe la noche ni el día
cuando se desea disfrutar
tan intensa belleza.
Así es nuestra intimidad.

A MI VIDA LLEGASTE

A mi vida llegaste
como una inesperada semilla de amor.
Llegaste a mi vida
como la risa que borra los días grises,
como la ola que alegra su playa triste.
Inusitada belleza tu presencia en mis días.
Tus caricias, el beso dulce
de mis años, la sutileza,
como verdadera primavera
en el umbral de mi otoño
que abre rosas al viento
como si fuese la primera.

ATRACCIÓN

Tu cuerpo y el mío
se han presentido.
Ambos se iluminan
a través de las miradas
y, prendados en los espejos del alma,
se fascinan.
Al contacto de sus pieles,
se juntan,
se caldean
y se enlazan.
A veces pareciera que no se aman, porque
se perforan,
se muerden
y se arañan.
Al brillar la luna o el sol de cualquier día,
se llaman,
se encuentran,
se apetecen
y se encajan.

AQUÍ ESTARÉ

Cuando sientas que las rosas
se destiñen en el matiz de tu cara,
que las hojas se desprenden
de tu cálida sonrisa.
Cuando sientas que eres vulnerable
ante el compás de la vida,
que una lágrima transita tu mejilla,
¡dímelo, cariño!
Borraré el espacio que me separa de ti.

EL PLACER SOBRE LAS TABLAS

Los ombligos desnudos
se miran de frente.
Las caderas dispuestas
presionan los vientres.
Su miembro, como gorrión enamorado
ante el nido que lo invita,
aletea, alza el vuelo
y consigue el aposento
donde entra de repente.
Comienza la mágica danza
de los bailarines más ardientes,
la música,
los suspiros,
la letra,
frases insolentes…
El goce anhelado
lo delatan las miradas.
Sobre el escenario el sexo
y el placer sobre las tablas.

ACONTECER

Inesperado acontecer vestido de terror
cuando se supo que un diablo andaba suelto.
El torbellino de la angustia
se estremeció cautivo
en el terrible presente herido en el acervo.
El dolor se paseó desgarrado
en la cadencia muda
de una oración solitaria y sin verbo.

SUEÑO CON TENERTE

Adoro la gracia insolente
de tus manos,
cuando acarician sin reservas
cada parte de mi piel.
Esas palabras que murmuras
acostado sobre mis senos.
No sé qué dices,
pero me gusta también.
Me encanta sentir
cómo estimas y disfrutas
cada parte de mi ser.
Cuando susurras «¡te quiero!»
después del clímax, me haces sentir
tan hembra como mujer.
Sueño con tenerte
cada día, cada noche, cada vez.

ENTRAR EN TU GLORIA

Quiero besar en tu vida
cada gesto que consigo,
vencer tus temores,
despertar tus suspiros,
humedecer de pasiones tus desiertos,
borrar la estela de tus miedos.
¡Rompe el silencio conmigo!
Quiero entrar en tu gloria,
vivir el sueño que sueño cuando te sueño,
desatar tus sombras, vencer tus infiernos.

LA GALAXIA DE TU SEXO

Boca a boca, piel a piel.
Navegar en la galaxia de tu sexo
es sentir que vivo
mientras en tus brazos muero.
Acaríciame, ¡bésame toda!
Llévame, amor, a flotar de nuevo.
Quiero vivir bajo tu cuerpo muriendo.
¡Umm! ¡Qué varón!
Hasta con la destreza de sus dedos
dibuja caricias mil en el cono de mi sexo.
¡Gritan los suspiros!
¡Estallan los orgasmos
a galope en el silencio!

NO SUPONGAS

¡Pregúntale!
¿Cuántas emociones gritan
en el disfraz de su calma?
No supongas su felicidad,
porque la ves callada.
Descubre en su mirada
el brillo que reclama:
magia de caricias,
simplemente la magia.
No imagines
que el amor permanece,
porque tú supones y ella calla.

LA LLUVIA HUELE A SEXO

La lluvia se confiesa vagabunda
sobre los cristales de mi ventana.
Letra a letra, atrapo tu nombre
entre mis senos y el calor de mi braga.
¡Hay tanto erotismo en el ambiente!
Aromas dulces con sabor a deseo,
en mi imaginario evoco tus manos
y, haciéndote el amor,
se alborota mi pelo.

YA, PARA QUÉ

Buscar el hollín en el tiempo
es como tizne al fin,
basura que destruye la brisa,
circunstancias que arrastra el viento.
¿Para qué someternos a juicio?
Yo con mis dudas, tú con tu silencio.
¡Existen tantas historias!
Tan tuyas, tan mías…
Las que de ti no sé
y las que de mí no te cuento.
¡Cuántas verdades escondidas!
Sin asomarse al sol, ¡nunca existen!
Se pudren humedecidas.
¡Qué importa ahora lo que fue!
El pasado es un corcel de huellas devaluadas
en cualquier relato, en cualquier ayer.
Te amo y no importa saber
si al jugar tú conmigo,
yo contigo también jugué.
¡Ya qué importa! Ya, para qué.

TONO TERCIOPELO

Por la ventana,
como cualquier celestina,
se cuela la luz.
Despertamos sobre la estera.
Me miras, me tocas, me besas,
susurras tan divino el amor…
Y otra vez me entrego
bajo el tono terciopelo
seductor de tu voz.

MIS IMPERFECCIONES

«¡Apaga la luz, cariño!»,
le digo rozando su oído.
Siento pena de las macas de mi cuerpo,
expuesto y sin vestido.
Él, apagar la luz no ha querido.
Me dice «te amo, te amo…»,
mientras suspira y besa
mis carencias, mis defectos,
mis sombras y mis vicios.

NO COMPARES NUESTRAS NOCHES

No compares nuestras noches.
Hoy no alumbra la misma luna.
Tal vez está menos blanca
y no quiere estar desnuda.
Arregla, amor, las ondas de mi pelo.
¡Abrázame! Siento sed,
mucha sed de tu ternura.
Quizás, mañana sí,
sí se desvista la luna.

¿DÓNDE TE PERDÍ?

Busco en tu cara
alguna mirada
dulce, radiante,
complaciente o callada.
Busco esa sonrisa cómplice
que con dulzura incite
y tan solo con un suspiro
sin palabras invite.
Te miro
y no advierto
ni gestos, ni esperanzas.
Entonces, me pregunto
sin miedo, sin prisión y sin rabia,
tal vez, con cierto temor
a la nostalgia.
¿Dónde te perdí?
¿En la ruta del tiempo
o en la rutina del sexo?
En las caricias que no nos dimos
con colores de magia.

VIVIR

Es abrazar tu propia paz,
aunque en el mundo existan guerras.

Es disfrutar los paisajes de la creación,
aunque haya noches sin estrellas.

Es valorar las caricias
que te da la mano ajena.

Es permitir que broten lágrimas,
porque también se lloran las penas.

Es aceptar la alegría, brindarle asiento
y reír con ella.

Es reconocer la magia de dar y recibir
en el perfecto equilibrio de la existencia.

Es honrar con tu proceder a ese Dios
que habita en tu conciencia.

Es disfrutar los encajes del sexo
y sublimar del amor cada galardón de cigüeña.

Es conseguir enamorarte tanto de la vida
que quieras, sin duda, volver a vivirla.

HACER EL AMOR

Es disfrutar sin reservas las caricias,
cautivo del sentimiento
que sobre la carne se respira.

Es advertir en unos ojos
la lealtad que mira.

Es admitir que no es capricho,
ni un acaso ese instante
seductor de la vida.

Es escuchar cantos de sirenas
cuando el placer murmura.

Es compartir las estrellas
y, al mismo tiempo, pintar la luna.

Es suspirar, besar y palpar
cuando el verbo amar se conjuga.

Es confesar con el alma lo sublime
mientras se deleita
el cuerpo en la lujuria.

Es morir en el orgasmo
y retornar a la vida
¡más plácido que nunca!

Donde habita el amor

Llévame, cariño,
de lo lascivo a lo sublime,
de lo conocido a lo ignoto
en esta ocasión…
Abra el clímax
¡allá, donde habita el amor!

ACARÍCIAME TODA

Hoy quiero
que me acaricies toda.
No escatimes
ni el más mínimo de los besos.
Cuando sientas
las ondulaciones de mis aguas,
deja zarpar tu velero.
No nos empeñemos, cariño,
en atracar en el clímax.
¡Disfrutemos, amor,
las delicias del encaje,
sin sabotear, además del destino,
nuestro propio viaje!

FLORES DE HALAGOS

Él, tan cerca de mí
con flores de halagos,
racimos de estima,
el gesto alegre
y las palabras precisas.

Así de mágico es el amor,
pleno de admiración y compañía,
siempre sorprende con caricias,
¡esas que llenan la vida!

LA HUMEDAD DE MI CIELO

Me miras,
te miro.
Me tocas,
te huelo.
Me abrazas
te beso…
Ya es orgasmo
presentir tu gorrión
en la humedad de mi cielo.

A TU DELIRIO

Disfrútalo así, sobre tu cama,
abrazado a tu delirio,
a tu voz,
a tu ternura,
a todas tus ganas.
Consiéntelo y ámalo
tanto, tanto,
como yo lo amaba.
El amor es libertad
y no quiero lamentar
por qué no está conmigo.
Como el odio es prisión,
no pretendo generar
mi propio castigo.

¡QUÉ INDIFERENTE!

¡Qué indiferente
a la transparencia
de su blusa seductora
sobre sus pezones encogidos,
a su tanga de encajes negros
de poca tela en un solo hilo,
al brillo de sus labios,
a la picardía de sus ojos,
a la fresa de su aliento,
a su pelo humedecido!

¡Qué indiferente
a ese deseo apremiante
de estar contigo!

CUANDO SE ASOMÓ LA LUNA

Muchas flores silvestres
colocó sobre mi pelo;
en sus pupilas brillaban
las margaritas caídas
en el escote de mi pecho.
Con sus manos tibias
retiraba las hojas
reposadas en mis senos.
Advertí como se erizaban
montañas diminutas
entre mi piel y su piel.
Nos besamos… ¡Guau!
¡Qué divinos sus besos!
Mientras rotaba sobre mi falda
la seña erecta de su cuerpo,
¡suspiré, suspiró!
¡Uf! ¡Suspiramos de nuevo!

El césped respiraba sexo.
Tarde especial como ninguna.
¡Me acarició de tantas formas
que reventaron los orgasmos
cuando se asomó la luna!

VENCER TUS INFIERNOS

¡Rompe el silencio conmigo!
Quiero besar en tu vida
cada gesto que consigo,
vencer tus temores,
despertar tus suspiros.
Quiero ser fontanal
en tus desiertos,
disipar tu tristeza,
ser fortaleza,
derrotar tus miedos.

Déjame entrar en tu gloria,
vivir contigo el sueño
que sueño cuando te sueño.
Quiero desatar tus sombras,
vencer tus infiernos.

EL ALMIZCLE DEL SEXO

Guarda tantos secretos la piel,
como para pretender conocerlos
tan solo en una noche.
Son muchos los heraldos
de pasión, cantos de amor,
música y versos.

El deseo siempre anhela
el tibio calor de unos brazos,
sentirse dueño de tus ganas,
tu mirada y tus labios.
¡Ven, no demores!
Quiero caricias a manos llenas
y el almizcle del sexo
que sudan los amores.

ATAJOS DE LUJURIA

Levanto tu mentón
para encontrarme en tus ojos
desnuda, descarada, capaz y sin miedo,
y conjugar los verbos
complacientes de los cuerpos.
Somos atajos de lujuria sin promesas:
tú, hecho de buenos vinos;
yo, de lo que alguna vez,
en otra piel, jamás fui grandeza.
Mi templo necesita de tu ardor,
de esas caricias que desborda,
sin juramentos de amor.
¡No sé, cariño, si te importa!

MIEDO DE PERDERTE

¡Siento tanto miedo de perderte!
No en otros brazos, cariño,
sino en ese laberinto
donde se rompe la vida.
En esa ausencia sepultada de lejanía,
tristes caricias ahogadas
en lo más profundo del dolor.
¿Hacia dónde caminarán mis besos
sobre la ruta del delirio
sin el encuentro de tu boca?
Más fácil sería pensarte y odiarte
en los brazos de otra mujer
Sería más fácil
que vivir y, al mismo tiempo, sufrir
tras el recuerdo de tu amor.
Tropezar con la nada en la chistera de la magia
y volver a morir de pena
en esa ausencia que me causaría
tu adiós.

CLÍMAX

Quiero disfrutar de la vida
el gesto más sublime de su gracia.
Caminar por las sendas desnudas
de tu cuerpo y dejar a la emoción
que borre las distancias.
Encontrar frescos manantiales
en tus recodos y beber hasta saciarme
en la dulzura de tus aguas.
Descubrir la magia infalible del deseo
y tocarte las cuerdas que te ericen el alma.
Quiero cabalgar sujetada a tu cintura,
detener el paso, apretarlo, soltarlo, retomarlo
y rotarlo sobre tus hierbas oscuras.
Cerrar los ojos de repente
y encontrarme en la cima de una montaña.
Después, bajarla a medias,
entre suspiros, para luego, con un quejido,
volver a escalarla.

Dejar escapar el grito de una mirada
que te abrace y te implore:
«¡Quédate, no te vayas!
Hagamos el amor hasta que reviente el alba».

ORGASMOS SIN TIEMPO

Mi obscenidad enciende
como un chispazo sus ganas.
Premeditar es anzuelo
de alguna fantasía…
Mirarnos, besarnos,
manosearnos con morbo
atiza aún más el fuego
en las ganas suyas
como en las ganas mías
¡Uf, cariño!
No para de llover el deseo
entre mis piernas.
Apasionado, experto y tierno
dibuja figuras de amor
en los labios de mi infierno.
Me enamoré.
Me enamoré del abismo
de los orgasmos sin tiempo.

ME GUSTÓ ESTAR CONTIGO

Aunque no fui tu lugar predilecto,
ni la hora cotizada de tu tiempo,
me gustó estar contigo.

Aunque procuraste mil suspiros
en cada prefacio del placer
y no todos concluyeran en orgasmos,
aun así, me gustó estar contigo.

Perdona si en este duelo
que me ocasiona tu adiós,
como balas perdidas,
te lastimen mis versos.

DUELE PERDERTE

Por el atajo de las pasiones
alquilan moradas en cada esquina.
¡Cuánto duele perderte,
deslealtad que marca,
alevosía que asfixia!
Hoy, como lobos feroces,
aúllan mis heridas.
No quiero compasión en esta desventura,
porque peor tragedia que morir
es no haber amado nunca.

DESNUDEZ EN ALFA

Mi desnudez en Alfa
desafía la noche.
El deseo es un farol
que espanta las sombras.
La imaginación eleva sus alas
y me lleva hacia ti.
Te abrazo,
suspiro el olor del placer,
se encogen mis pezones
y en la almohada se estampa
el labial fucsia que llevo puesto.
Arrugo entre mis manos
un puñado de sábanas blancas,
las ciño contra mi pecho.
¡Dame una señal, amor,
para estas ganas que te buscan!
¡Ahora llueve!
Siempre nos gustó la lluvia.

VORÁGINE DEL DESEO

Los recuerdos se embriagan,
se dispersan, estallan.
La sangre corre apresurada.
La vorágine del deseo
seduce al pensamiento.
Noches donde transitaban
superficies y profundidades
en los ángulos del sexo,
sin importar que muriera el tiempo,
ni que agonizaran luceros
en la claridad del firmamento.
Instinto de selva entre tu sexo perfilado
y mis ganas de hembra.
Evoco caricias y, bajo mi piel erizada,
aún no logro discernir si alguna vez te amé
o, simplemente, te necesitaba.

ME QUEDÉ CON GANAS

Cuando te miro, te admiro
y en ese instante me provocas
tantas sensaciones
que con un solo dedo
atajo los gritos del corazón
entre las ganas desbordadas
porque me hagas tuya.
Me quedo con ganas
de tus besos, de tus manos,
de tu piel, de todo tu cuerpo.
Me quedo con ganas
de esa ave tuya
que succiona la libido del deseo.
¡Tantas ganas de tu abrigo
en este cruel frío de invierno!

FRASES Y PENSAMIENTOS

* En el túnel de mis piernas
fuiste un laberinto de hola y adiós.

* Algunas veces el mayor grito del goce
se expresa en el silencio.

* ¡Búscame en el monólogo de tus ganas!

* En cada amanecer,
nos besa la vida, nos eriza la piel…
Nos invita a vivirla.

* No me indiques cómo debo amarte,
solo dime cómo quieres que te haga el amor.

* No soy quién para dominar tu razón,
concédeme al menos habitar tu locura.

* Me fascina pernoctar
en el paraíso de tu sexo.

* Volver al cajón desierto del amor
es retornar a la garita baldía del sexo.

* Cuando me murmuras al oído
lo que me harás,
comienzo a disfrutar todo lo que imagino.

* La imaginación es al sexo
lo que la leña es al fuego.

* Cuando nos amamos, desnudamos el mejor
y el más profundo secreto de la vida.

* Del contacto a la ternura,
de la ternura al frenesí.
Rozar, morder y lamer.
¡Cuánto disfrute es besarnos así!

* Aunque nunca seas para mí,
sublimo el hecho de haberte conocido.

* ¡Ojalá que tu sonrisa
siempre lleve mi nombre!

* Regálame esos besos con sabor a pecado
que tienen tus labios.
Hoy quiero todas las caricias
que florezcan en tus manos.

* Volvamos sin revancha.
No quiero besarte en otros labios,
ni que tú me acaricies en otra piel.

* Tú, el mejor de los surfistas,
cuando lames con precisión
las crestas de mis olas.

* Aunque la piel se exprese en la intimidad,
siempre estimulan las frases vagabundas.

* Cuando se desliza tu sombra sobre mi piel,
disfruto en plenitud tu sexo imaginario.

* ¡Cuánta delicia si algún día llegara a ser
la musa de tu fantasía,
el gemido de tu placer
y el preciso lugar de tus orgasmos!

* Cuando tú y yo hacemos el amor,
disfrutamos de tres orgasmos:
el tuyo, el mío y el nuestro.

* No dejes de besarme,
porque olvido el sabor de tus labios.

* ¡Miénteme!
Tan solo dime que me amas,
dame luz en las tinieblas,
dibuja soles en mi alma.

* ¡Explórame, amor!
Así, así, sin prisa.
Cuando arribes al punto divino,
recala, cariño, la estocada justa.

* Le hice el amor sin pretender ser la mejor;
la pasión se disfruta en plenitud,
mientras la satisfacción no compite con nadie.

* Lo peligroso de las aventuras
no es el derroche de caricias,
sino el estreno de sentimientos.

* Cuando hagamos el amor,
ni moderados ni excesivos,
simplemente auténticos.

* Has tallado tantas lunas en mi universo
que no concibo mis noches sin ti.

* Mágico momento
cuando nos quedamos abrazados
con la respiración intermitente
entre muchos te quiero.

* Cuando acaricies, no preguntes.
¡Atrévete!

* Esgrime las razones, haciéndole el amor.

* ¡Ven, cariño!
Quiero echarme a tus ganas,
sin prejuicios ni tabúes.
Acaríciate, penétrame,
disfrútame como quieras tú.

* Si besas con ternura
la protuberancia de su vientre,
su loto encenderá los secretos de tu boca.

* Nunca me amó, tampoco lo amé;
solo jugábamos con el fuego
de dos cuerpos que saben arder.

* Ámame de vez en cuando.
Ámame cuando tú quieras,
un rato, unas horas.
¡Ojalá la vida entera!

* Quiero ser el mundo
donde siempre desees volver.

* Cuánto pecado disimular que me fascinas
y qué resurrección si tú me sedujeras.

* No me censures ni me alecciones.
¡Hazme el amor!

* Me parece supersexi
la fragancia de tu inteligencia.

* Regálame ese fuego disfrazado de timidez
que debajo de tu ropa se esconde.

* Mejor en la riqueza de la soledad
que en la miseria de tus besos.

* Son tan fuertes los huesos del corazón
que, aun fracturados, siguen latiendo.

* Tócame con la verdad, con una mano,
un abrazo o una mirada.
Adviérteme en tu espacio sin que te lo pida,
sin que yo lo invada.

* Ruge de placer sobre mi espalda,
acomoda tu cuerpo sobre el mío.
No exoneres palabras;
trasciende, amor, lo prohibido.

* Me enloquece la danza de tu cintura
cuando roza hasta la mínima protuberancia
de mi cono humedecido.

* Eres más que la promesa de un beso
y la euforia de una caricia.

* Adorable la humedad del aliento
que impregna beso a beso los nichos
del cuerpo amado.

* Como hacer el amor es un arte,
merece combinar la proporción
con detalles significativos.

* Ser sensual es sentir y hacer sentir,
es disfrutar en plenitud del placer.

* Tal vez se comparte la misma cama,
quizás no los mismos sueños.

* Adorable la maniobra de aquellos dedos
cuando entonan nota a nota
la canción de los orgasmos.

* Tan solo buscaba hembra en su piel,
y ella en él, color para sus sueños.

* Con el quiebre de su cintura
roza el más sensible pistilo de su loto.
Es precisamente así
como la enloquece de placer.

* Cuando nos besamos, emprendemos el vuelo
como si algún ángel nos prestara sus alas.

* Ven, amor, a este fin de amaneceres
en mis manos, en mi boca, en mis senos
y en mi vientre.

* La mayor sensación de plenitud en la intimidad
es cuando nos desnudamos en cuerpo y alma.
Y recibir lo que sin esfuerzo queremos darnos.

* Besar es expresar amor y quedarse de repente
con palabras mudas, es encender el fuego
y avivar las caricias más allá de lo que ocurra.

* Muchas veces estamos tan desanimados
que una dosis de caricias
es el antídoto que nos cura.

* ¡No te corras tan rápido, cariño!
Me dejas el sinsabor de no alcanzarte
y con ganas de comenzar de nuevo.

* Se convierte en vicio arder con un amante
que tiene tu mismo fuego.

* Lo disfruté tan experto
cuando ilustraba figuras de amor
en los labios de mi infierno.
¡Me enamoré! Me enamoré del abismo
de los orgasmos sin tiempo.

* Ese instante de ternura en tu mirada,
esa presunción de virilidad
cuando frotas mi boca…
¡Uf, cariño!
Ya llueve el deseo entre mis piernas.

* Debajo de mi falda, llevo gemidos y suspiros
por si me fallan las palabras.

* Cuando pienso que desearte es delito, entonces
imagino nuestros orgasmos como condena.

* Mírame mientras mis focos morbosos
te desnudan. ¡Me encanta que te acaricies!
La vergüenza es enemiga del genuino placer.

* Te pienso,
te desnudo,
me humedezco.
Entonces, termino haciéndote el amor.

* ¡Cuánta magia, amor,
mientras nuestros cuerpos enlazados
se arrebatan, se enloquecen
y siguen pasando las horas,
pasando las horas!

Índice